AF243008

ARRÊTÉ

SUR LE TRAVAIL ET L'IMMIGRATION

À LA MARTINIQUE.

Nous, C.-Amiral, Gouverneur de la Martinique,

Vu l'article 9 du Sénatus-Consulte organique du 7 avril 1854;

Vu les décrets des 13 février et 27 mars 1852, sur les engagements de travail et l'immigration des travailleurs dans les colonies;

Vu le Décret du 4 septembre de la même année relatif aux mesures concernant l'application du régime des Livrets;

Vu l'article 10 du Décret du 16 août 1854, sur la nouvelle organisation judiciaire;

Vu l'article 137 du Code d'instruction criminelle;

Vu l'avis de la Commission spéciale présidée par le Procureur général;

Sur le rapport du Directeur de l'Intérieur;

Et de l'avis du Conseil privé;

Avons ARRÊTÉ et ARRÊTONS ce qui suit:

TITRE Ier.

Des personnes et des propriétés.

———

CHAPITRE Ier.

De l'arrivée et du départ.

Art. 1er. Conformément à la législation en vigueur, nulle personne étrangère à la colonie, ne peut y être débarquée sans avoir obtenu un permis de séjour ou de résidence.

Nul ne peut sortir de la colonie, sans avoir obtenu un passe-port pour l'extérieur ou avoir fait viser celui dont il est porteur.

Art. 2. Le permis de résidence est délivré par le Directeur de l'Intérieur ou son délégué; il ne peut être accordé que moyennant caution signée par deux personnes solvables et domiciliées, s'engageant solidairement à pourvoir, jusqu'à concurrence d'une somme de 500 fr., aux soins, en cas de maladie, et spécialement au rapatriement de l'intéressé, s'il venait à tomber dans l'indigence.

Il pourra être accordé un simple permis de séjour à durée limitée de trois mois au plus, sauf renouvellement, aux individus qui, n'ayant point l'intention de se fixer dans la colonie, présenteront par eux-mêmes des garanties suffisantes.

Art. 3. La caution de 500 fr., exigée pour obtenir le permis de résidence, sera réduite à 250 fr. en faveur de tous individus qui demanderont à s'établir dans la colonie pour s'y livrer à un travail manuel quelconque, sans toutefois contracter un engagement de travail pour autrui.

Dans ce cas, le cautionnement pourra être suppléé par le versement à la caisse de l'immigration, d'une prime destinée à couvrir les dépenses d'hospice et de rapatriement auxquelles la colonie ne peut se soustraire, lorsque, par une cause quelconque, ces individus deviennent incapables de travail et indigents.

La prime à payer sera de 24 fr. pour les individus provenant des îles Antilles; de 36 fr. pour ceux venant d'Europe; de 48 fr. pour ceux venant de la côte d'Afrique, et de 60 fr. pour ceux venant de l'Inde et autres lieux situés au-delà du cap de Bonne-Espérance.

Art. 4. Il est expressément défendu à tout capitaine, maître ou patron de laisser descendre à terre aucun immigrant, avant d'y être autorisé par le commissaire de l'immigration. Le capitaine, maître ou patron, qui ne se conformera pas à cette disposition, sera passible d'une amende de 100 fr.

Art. 5. Est réputé immigrant tout individu qui, n'étant pas né dans la colonie ou n'y ayant pas sa famille, arrive, avec ou sans le concours de l'Etat, muni d'un engagement contracté hors de la colonie, ou vient y contracter un engagement de travail pour autrui.

Art. 6. Aucun immigrant, introduit sans le concours de l'Etat ou de la colonie, ne pourra obtenir un permis de résidence, si son engagiste ne prend envers l'administration l'obligation cautionnée de le soigner en cas de maladie et de le rapatrier à l'expiration de son engagement, soit que cette expiration résulte des stipulations du contrat, soit qu'elle provienne de résiliation amiable ou judiciaire, sauf recours s'il y a lieu, contre l'immigrant.

Toutefois, si le contrat de l'immigrant n'impose pas à l'engagiste l'obligation de le rapatrier à l'expiration de l'engagement, le permis de résidence pourra être accordé moyennant l'accomplissement des prescriptions de l'art. 3.

Art. 7. Tout individu étranger à la colonie et qui, à son arrivée, ne se sera pas conformé aux dispositions qui précèdent, sera puni d'une amende de 100 fr., et, suivant les circonstances, d'un emprisonnement de un à quinze jours, sans préjudice de peines plus graves, s'il y a lieu.

CHAPITRE II.

Du Recensement.

Art. 8. Le territoire de la Martinique est divisé en circonscriptions pour le recensement permanent des propriétés bâties et non bâties, rurales et urbaines, et pour celui de la population imposable, sans préjudice du recensement statistique de la population attribué aux municipalités.

Art. 9. Ce recensement permanent est confié à des agents des contributions directes, qui prennent le titre de recenseurs.

Art. 10. Il est tenu par les soins des recenseurs :

1o Un registre matricule pour l'inscription de tous les individus imposables résidant dans leur circonscription ;

2° Un registre cadastral de toutes les propriétés bâties ou non bâties.

Art. 11. Toute personne, quels que soient son sexe, son emploi, sa position, qu'elle travaille ou non pour autrui, est tenue, à partir de l'âge de 16 ans accomplis, de se faire immatriculer sur le registre matricule de la commune de sa résidence, par le recenseur de sa circonscription.

Art. 12. Nul ne peut être immatriculé par les recenseurs, si, n'étant immatriculé nulle part, il ne produit son acte de naissance ou d'individualité, ou, s'il n'est pas né dans la colonie, une pièce de nature à y suppléer. Dans le cas où il ne serait pas connu personnellement du recenseur, il devra, en outre, produire deux témoins dignes de foi attestant son identité.

Toutefois, les femmes et les enfants mineurs peuvent être représentés par leurs maris, pères, mères ou tuteurs, et l'immatriculation peut avoir lieu sur le vu des pièces.

Art. 13. Extrait de cette immatriculation doit être adressé, dans les vingt-quatre heures, par le recenseur au percepteur des contributions.

Quand il y aura lieu, le recenseur fera précéder sa signature de l'indication du dégrèvement de l'impôt personnel.

Art. 14. Le percepteur annotera sans retard les dégrèvements sur les rôles et, dans les vingt-quatre heures, transmettra aux Maires des communes des intéressés ou aux commissaires de l'inscription maritime, pour les inscrits, les extraits d'immatriculation concernant les personnes dégrévées, ainsi que ceux concernant les individus qui se seraient antérieurement libérés envers le trésor de l'impôt personnel exigible.

Il gardera en dépôt les extraits d'immatriculation des contribuables n'ayant point encore acquitté l'impôt personnel exigible, pour les transmettre à qui de droit, au fur et à mesure que les intéressés se libéreront envers le trésor.

L'impôt personnel de l'année courante ne sera exigé par le percepteur que lorsqu'il sera intégralement dû.

Art. 15. L'extrait d'immatriculation doit être présenté, tous les ans, au visa du recenseur et transmis par lui, dans les vingt-quatre heures, au percepteur qui opérera, comme il est dit en l'article précédent.

Mention de ce visa sera faite par le recenseur, sur le registre matricule, à l'article concernant l'intéressé.

Art. 16. Les officiers de l'état civil doivent dans les premiers jours de chaque trimestre, adresser au recenseur de leur circonscription, la liste nominative, relevée sur les registres de l'état civil, des individus qui ont accompli leur seizième année pendant le trimestre précédent.

Ils doivent également faire connaître au recenseur les actes de l'état civil qui sont de nature à affranchir de l'impôt personnel ou à modifier les noms.

Les recenseurs adresseront à la direction de l'intérieur la liste nominative de ceux de ces individus qui ne résident pas dans leur circonscription, avec tous les renseignements utiles pour découvrir le lieu de leur résidence actuelle.

Art. 17. L'inspecteur des contributions transmettra régulièrement aux recenseurs des circonscriptions où ils ont déclaré vouloir se fixer, les noms des individus auxquels il a été délivré des permis de résidence, soit par suite d'arrivée dans la colonie, soit par suite de libération d'engagement.

Art. 18. Tout individu qui veut porter sa résidence d'une commune dans une autre, doit en faire la déclaration au recenseur de sa circonscription et lui présenter la quittance de l'impôt de l'année courante.

Si l'intéressé reste dans la circonscription du recenseur, il lui sera délivré, sur le champ, un nouvel extrait d'immatriculation qui sera visé par le Maire, et l'ancien extrait sera détruit.

Si l'intéressé change de circonscription de recensement, le recenseur inscrira sur son passe-port la déclaration de changement de résidence ; le passe-port, ainsi annoté, sera présenté au recenseur de la nouvelle circonscription, qui délivrera immédiatement un nouvel extrait aussi visé par le Maire, puis transmettra l'extrait déposé au recenseur de la dernière circonscription. Celui-ci radiera alors l'intéressé de son registre d'immatriculation et, par suite, du rôle des impositions personnelle, mobilière et des patentes de l'année suivante, le tout sans préjudice des dispositions de l'art. 104 du code Napoléon.

Art. 19. Tout propriétaire, lorsqu'il en est requis, est astreint à fournir au recenseur la description de ses propriétés bâties ou non bâties, et à produire, à l'appui, s'il y a lieu, ses titres de propriété.

Le service de l'enregistrement doit fournir, au commencement de chaque trimestre, à chaque recenseur, un état indiquant toutes les mutations survenues pendant le trimestre précédent, dans les propriétés de sa circonscription.

Art. 20. Tout propriétaire d'immeubles ruraux ou urbains, tout chef d'industrie agricole, qu'il soit propriétaire, géreur, locataire ou fermier, tout principal locataire d'immeubles bâtis ou non bâtis servant à l'exploitation d'une industrie quelconque, et, en général, tout industriel ou commerçant, doit se pourvoir à la Mairie de sa commune, dans le courant du mois de septembre de chaque année, d'une feuille imprimée qu'il remplira, certifiera et remettra à la Mairie, dans la première quinzaine d'octobre suivant.

Ce document sera transmis au recenseur, le 15 octobre, par le Maire avec ses observations, s'il y a lieu.

Art. 21. Tout individu assujéti à fournir une feuille de recensement, est tenu :

1° Comme *Propriétaire*,

De déclarer toutes ses propriétés rurales et urbaines bâties et non bâties, avec indication des propriétaires voisins pour les propriétés rurales, et la désignation des rues et numéros pour ses propriétés bâties des villes et bourgs ;

D'indiquer celles de ses propriétés non bâties qu'il exploite lui-même et, pour celles qu'il loue ou afferme, les noms des principaux locataires, des géreurs ou fermiers ;

De déclarer, pour toutes ses propriétés bâties des villes et bourgs, le nom des locataires s'il ne les oc-

-cupe lui-même, et dans tous les cas, le montant des loyers annuels ou la valeur locative, avec désignation de la part afférente au logement personnel et de celle qui incombe aux boutiques, magasins, etc.;

2° Comme *Chef d'industrie agricole.*

De déclarer l'étendue des terres qu'il exploite, la nature des cultures et le nombre d'hectares affectés à chacune d'elles, le nombre et l'espèce des animaux;

De déclarer le revenu net imposable de toutes les terres ainsi que la valeur locative de toutes les cases ou autres bâtiments d'habitation qui, n'étant point affectés à la culture ou à l'exploitation de la canne à sucre, ne paient pas l'impôt foncier sous forme de droit à la sortie; de ce nombre sont les cases, les jardins, les savanes, mis à la disposition des colons partiaires et autres individus qui, ne donnant point un travail régulier de cinq jours par semaine au moins à la culture et à l'exploitation de la canne à sucre, vivent d'industries particulières imposables, conformément au troisième § de l'art. 3 de l'arrêté du 16 janvier 1850;

De désigner d'une manière très-précise les bâtiments employés à la fabrication de la canne à sucre et ceux servant de logement aux travailleurs exclusivement affectés à l'industrie sucrière et aux travaux accessoires que cette culture comporte, tant que ces bâtiments ne seront pas imposés directement;

D'inscrire la liste nominative de tous les individus résidant, à quelque titre que ce soit, sur la propriété qu'il exploite, en distinguant ceux qui sont engagés ou affectés exclusivement à l'industrie sucrière de ceux qui se livrent accessoirement ou complétement à des industries particulières. Cette liste comprendra, en outre, les enfants au-dessous de 16 ans, avec indication de l'âge, du sexe et du nombre de ceux employés à la culture;

3° Comme *Industriel* ou *Commerçant,*

De déclarer la nature et l'importance de son industrie ou de son commerce et de donner tous les renseignements utiles pour l'application équitable de l'impôt;

S'il emploie des ouvriers ou autres individus résidant chez lui, d'en donner la liste nominative, ainsi que celle des enfants au-dessous de l'âge de 16 ans, avec indication de ceux qui se livrent à un travail manuel.

Art. 22. Tout père, mère ou tuteur et en général tout individu ayant à ses soins ou à son service des mineurs âgés de moins de 16 ans, s'il n'est assujéti à fournir une feuille de recensement, doit, au moment où il se fait immatriculer, et chaque année au moment où il fait viser son extrait d'immatriculation, déclarer au recenseur les noms, prénoms, âge et sexe de ces enfants, et désigner ceux qui fréquentent les écoles, ainsi que ceux qui sont en apprentissage ou employés à la culture.

Art. 23. Toutes les feuilles de recensement à fournir conformément aux prescriptions précédentes, doivent reproduire fidèlement les noms, prénoms, surnoms ainsi que le numéro d'immatriculation, tels qu'ils. figurent sur les extraits d'immatriculation pour tous les individus âgés de 16 ans au moins.

Art. 24. Toute contravention aux art. 11, 18, 19, 20 et 23 du présent chapitre, sera punie de 5 à 100 fr. d'amende.

CHAPITRE III.

Des Passe-Ports à l'intérieur.

Art. 25. La formalité du passe-port à l'intérieur est obligatoire pour toute personne généralement quelconque de l'un et de l'autre sexe, ayant domicile dans la colonie et âgée de 16 ans accomplis.

Sont seuls dispensés de cette obligation les officiers, sous-officiers et soldats faisant partie des corps de troupe qui composent la garnison, et par suite leurs femmes et leurs enfants habitant avec eux.

Art. 26. L'extrait du registre matricule de recensement, par le fait de l'apposition du visa du maire de la commune de la résidence, devient passe-port, à l'intérieur valable pour une année à partir du jour de sa date.

Pour continuer à valoir passe-port, il doit être

obligatoirement visé par le recenseur et le maire à l'expiration de chaque année.

Les visas du Maire seront précédés de ces mots : *sujet à livret*, ou *non sujet à livret*, et s'il y a lieu, engagé chez M........

Pour apprécier la situation des individus, le Maire, se conformera aux dispositions des art. 12 et 13 du décret du 13 février 1852 et à ce qui sera dit au chapitre des livrets.

Le Maire ne pourra apposer son visa que sur les extraits transmis par le percepteur ou le recenseur. Il lui est formellement interdit de viser les passe-ports qui lui seraient présentés directement par les intéressés, et qui par suite ne porteraient pas le visa annuel du recenseur.

Le visa du Maire donnera lieu à une taxe d'un franc au profit de la commune.

Les individus dégrévés l'obtiendront à titre gratuit.

Art. 27. Pour les marins inscrits, le visa du Maire sera remplacé par celui du Commissaire de l'inscription maritime du quartier ; ce visa sera gratuit et ne vaudra passe-port que dans les limites de la circonscription maritime.

En ce qui concerne les immigrants, le bulletin d'immatriculation dont il sera parlé ci-après vaudra passe-port, quand il aura été visé par l'engagiste, mais seulement dans les limites de la commune.

Enfin le permis de séjour, délivré aux individus non domiciliés dans la Colonie, vaudra passe-port pendant les trois mois de sa date.

Art. 28. Tout individu non pourvu de passe-port ou porteur d'un passe-port irrégulier sera puni d'une amende de cinq à cent francs.

Art. 29. Le passe-port à l'intérieur doit être exhibé à première réquisition de la police ou de la gendarmerie, par toute personne généralement quelconque, dont le domicile et l'identité ne seraient pas suffisamment connus de ces agents de la force publique, sous peine d'une amende de 5 à 20 francs.

En cas de refus d'exhibition, le récalcitrant sera conduit par-devant le Maire, ou à défaut, par-devant l'adjoint ou le Commissaire de police du lieu, qui constatera les contraventions, soit aux articles qui précèdent, soit au présent article, et prescrira ensuite, selon qu'il y aura lieu, la mise en liberté ou le dépôt à la maison de police et l'envoi à la disposition de la justice ou de l'autorité administrative.

Art. 30. L'usage du passe-port d'autrui est formellement interdit et donnera lieu contre le contrevenant à une amende de 61 à 100 fr. et à un emprisonnement de 5 à 15 jours.

La répression sera la même tant à l'égard de l'individu qui aurait prêté son passe-port qu'à l'égard de celui qui en aurait fait usage.

Art. 31. Quiconque prendra un passe-port sous un nom supposé sera poursuivi et puni conformément aux dispositions de l'article 154 du Code pénal.

Art. 32. En cas d'usure ou de changement de résidence le passe-port sera renouvelé ; le vieux passe-port sera détruit.

En cas de perte, déclaration en sera faite au recenseur qui transmettra à qui de droit, par l'intermédiaire du percepteur, un extrait d'immatriculation par *duplicata*.

L'intéressé réclamera à la Mairie de sa commune, son nouveau passe-port qu'il obtiendra moyennant paiement de la taxe ordinaire au profit de la commune, en cas d'usure ou de changement de résidence et d'une taxe double en cas de perte.

Les recenseurs transmettront hebdomadairement à la Direction de l'intérieur la liste de tous les extraits délivrés par duplicata. Copie de ces listes sera adressée à tous les commissaires de police et à toutes les brigades de gendarmerie, à l'effet de rechercher et d'arrêter ceux qui feraient usage des primatas.

TITRE II.

Du travail pour autrui.

CHAPITRE Ier.

Des conventions de travail et des obligations qui en résultent.

Art. 33. L'engagement de travail résulte :

1º Des conventions passées conformément aux

dispositions du décret du 13 février 1852 au titre des engagements de travail;

2° Du fait par un employé d'avoir reçu de son employeur des avances, à titre de salaires, duement constatées sur le livret;

3° Du fait par un employé d'être établi sur une habitation rurale à condition de donner son travail, soit au salaire, soit de toute autre façon, et moyennant la concession d'une case ou d'un jardin, le tout devant être constaté sur le livret.

Art. 34. En cas d'avances faites par l'employeur à l'employé, et à défaut de conventions contraires, l'engagement durera jusqu'au remboursement en travail de la totalité de ces avances.

Pendant la durée de ce contrat pour cause d'avances, le livret de l'employé restera en dépôt entre les mains de l'employeur qui donnera en échange un certificat de dépôt. Ce certificat reproduira les mentions portées sur le livret, et relatives aux avances faites.

En cas d'engagement par la jouissance d'une case ou d'un jardin, les parties seront toujours libres de le faire cesser, en se prévenant un mois d'avance.

Art. 35. Sont assimilés aux avances constitutives d'engagement de travail, au profit de ceux qui auront pris l'engagement de les payer, les frais de traitement, dans les hospices, de tout individu qui ayant été soigné dans ces établissements au compte des communes, des hospices et même des particuliers, y aura recouvré la santé et sera sorti en état de se livrer au travail.

Cette disposition n'est point applicable aux soins dus par les engagistes aux engagés dans certains cas déterminés par les contrats.

Art. 36. Les dispositions du décret du 13 février 1852 sont applicables à tous les cas d'engagement de travail ci-dessus mentionnés.

En vue d'assurer l'exécution complète des articles 6 et 7 dudit décret, il sera tenu par les engagistes un journal, côté et paraphé par le juge de paix du canton, sur lequel ils inscriront tous les faits de nature à constater l'accomplissement de toutes les obligations qui leur sont imposées par leurs conventions, telles que fournitures de prestations en nature, paiement des salaires, etc.

Ils inscriront également sur ce journal tous les manquements des engagés, et spécialement ceux qui pourront donner lieu à l'application de la retenue fixée par l'article 6 pour chaque journée d'absence ou d'abstention de travail sans motifs légitimes.

Art. 37. Toutes les fois que l'engagiste requerra l'application du § 2 de l'article 7 du décret précité, il devra produire son journal à l'appui de sa plainte.

L'apport de ce même journal pourra être ordonné par le juge, chaque fois qu'il y aura plainte portée contre l'engagiste, au terme du § 1er de l'article 7 du même décret.

Art. 38. Dans tous les cas de travail au mois ou pour un temps indéterminé, les parties seront tenues de se prévenir huit jours d'avance de leur intention de se quitter, sous peine d'une amende de 5 à 20 fr.

Art. 39. Conformément à l'usage établi, la journée de travail commence au lever et se termine au coucher du soleil ; elle est coupée par un repos de 2 heures 1/2.

N'est pas considérée comme travail l'obligation de pourvoir, les dimanches et jours fériés, aux soins que nécessitent les animaux et aux besoins de la vie habituelle, pour tous individus travaillant au mois ou à l'année.

Art. 40. Tout individu travaillant pour autrui, soit à la tâche, soit à la journée, soit en vertu d'un engagement de moins d'une année, tout individu attaché à la domesticité doit être muni d'un livret.

L'engagement de plus d'une année qui dispense du livret conformément aux articles 12 et 13 du décret du 13 février 1852, ne s'entend que de celui par lequel l'engagé loue tout son temps à l'engagiste.

Le livret ne sera pas exigé des enfants au-dessous de douze ans travaillant pour autrui.

Toute infraction au présent article sera punie des peines de simple police.

CHAPITRE II.

Des Livrets.

Art. 41. Le livret a pour but de constater les conventions de travail, la régularité de ce travail, et le compte réciproque de l'employeur et de l'employé.

Art. 42. A cet effet, le livret, outre les noms, prénoms, surnoms, âge, lieu de naissance et numéro d'immatriculation relevés sur l'extrait d'immatriculation ou passe-port, contiendra : La profession du porteur et la manière dont elle est exercée, à savoir, s'il travaille à l'année, au mois, à la journée ou à la tâche.

Ces premiers renseignements seront inscrits sur le livret par le Maire ou un de ses adjoints qui signera et fera signer le porteur ou mentionnera qu'il ne sait signer.

Art. 43. Pour tout individu travaillant à l'année, au mois ou habituellement au compte d'un même employeur, le livret, contiendra la constatation du travail exécuté, au moyen d'un visa à l'entrée, et à la sortie, et du règlement mensuel des salaires ou des parts, inscrits par l'employeur sur le livret.

Toute fois pour les domestiques logés chez leurs maîtres, le règlement pourra n'avoir lieu qu'annuellement, à charge par ces derniers de donner avis à la police du départ de tout domestique qui n'aurait pas fait viser son livret à la sortie.

En ce qui concerne les individus travaillant à la tâche ou à la journée, pour des employeurs différents et échappant, par ce fait, aux visas ci-dessus prescrits, le livret contiendra la constatation du domicile, au moyen d'un visa inscrit à l'entrée, mensuellement, et à la sortie par le propriétaire qui loge le porteur, que le loyer soit au nom de celui-ci ou au nom de ses parents ou tuteurs.

Le visa d'entrée fera mention du prix du loyer ; le visa mensuel et le visa de sortie constateront le paiement de ce loyer.

En cas de non paiement du loyer, ou de l'impôt mobilier dont les propriétaires sont responsables, aux termes des articles 22 et 23 de la loi du 21 avril

1832, les propriétaires ou principaux locataires pourront refuser les visas mensuels et de sortie.

Art. 44. Les individus, n'ayant ni employeur habituel ni domicile propre, sont astreints à l'inscription au bureau de la police. Leur livret fera mention de cette inscription et sera soumis au visa mensuel du commissaire de police.

Art. 45. Dans aucun cas, il ne sera fait sur le livret d'annotations favorables ou défavorables au porteur, sous peine d'une amende de 5 à 20 fr.

Art. 46. Les employeurs, propriétaires ou principaux locataires sont responsables du visa d'entrée.

Ils ne peuvent sans motif légitime refuser le visa de sortie.

Les porteurs de livrets sont responsables des visas de sortie, sauf, en cas de refus, leur recours au Maire ou au Commissaire de Police : le tout sous peine d'une amende de 5 à 20 francs.

Seront punis de la même peine les employeurs, propriétaires ou principaux locataires qui négligeront d'apposer sur le livret le visa mensuel ou qui, en cas de refus de la part de l'employé de présenter son livret, omettraient d'en donner avis à la police.

En cas de refus constaté de l'employé, une amende de 5 à 40 francs sera prononcée contre lui.

Tout individu, assujetti au visa du Commissaire de police et qui ne se sera pas conformé à cette prescription, sera passible des peines de simple police, et, s'il ne peut justifier de l'emploi de son temps, il sera poursuivi pour vagabondage, conformément à l'article 16 du décret du 13 février 1852.

Art. 47. Toute personne assujettie à viser des livrets doit s'assurer, préalablement à l'apposition des visas, que le porteur est muni de son passe-port en régle, sous peine d'une amende de 5 à 10 francs.

Tout employeur qui occupera une personne non munie de livret ou pourvue d'un livret irrégulier, sera puni d'une amende de 5 à 20 francs, et sera poursuivi, s'il y a lieu, en exécution de l'article 14 du décret du 13 février 1852.

Art. 48. Toute inscription mise sur le livret, dans le but d'assurer frauduleusement au porteur les avantages attachés au livret par le présent arrêté, donnera lieu contre le contrevenant à une amende de 61 à 100 francs et à un emprisonnement de 5 à 15 jours.

Art. 49, L'usage d'un livret par un individu autre que le titulaire, aussi bien que le prêt de ce livret par le titulaire, sera puni d'une amende de 61 à 100 francs et de 5 à 15 jours de prison.

Art. 50. Le livret, ou, en cas d'engagement pour cause d'avances, le certificat de dépôt, doit être exibé à première réquisition de la police ou de la gendarmerie par tout individu dont le passe-port porte : *Sujet à livret*, sous peine de 5 à 10 francs d'amende, sans préjudice de peines plus fortes, s'il y a lieu, et même de poursuites pour vagabondage.

Art. 51. Tout individu dont le livret ne porte pas de visa d'employeur constatant un travail régulier, est tenu, lorsqu'il en est requis par la police ou la gendarmerie, de justifier de l'emploi de son temps, en désignant les travaux auxquels il s'est livré et en indiquant les personnes pour lesquelles il a travaillé.

S'il résulte de la vérification des faits qu'ils sont inexacts, il sera passible des peines de simple police, sans préjudice de peines plus graves, s'il y a lieu.

Art. 52. Les livrets seront confectionnés aux frais des communes par les soins de l'administration; ils contiendront les textes relatifs aux obligations principales de l'employeur et de l'employé, ils seront délivrés par les Maires; ils ne peuvent l'être que sur le vû du passe-port. Ils seront côtés et paraphés sur chaque feuillet.

Il ne sera perçu pour leur délivrance que le prix de confection ; ce prix ne peut dépasser 0 fr. 25 c.

Art. 53. Le livret usé est remplacé sur le vu du vieux livret.

Le livret perdu ne peut être remplacé que sur un certificat des derniers employeurs.

Dans tous les cas de remplacement, il est fait mention en tête du livret neuf du motif de ce remplacement.

CHAPITRE III.

Dispositions spéciales aux Enfants.

Art. 54. Le séjour des villes et bourgs est interdit à tous les mineurs de moins de 16 ans dont les parents ou tuteurs n'y seront pas résidents, à moins qu'ils n'y soient régulièrement mis dans les écoles ou en apprentissage avec un livret, ou enfin qu'ils n'y soient placés temporairement par leurs parents chez des personnes notoirement connues et présentant toute garantie de moralité.

Les parents ou tuteurs sont responsables de l'exécution du présent article et pourront être punis d'une amende de 5 à 100 fr. en cas de contravention.

La même amende sera appliquée à ceux qui auraient indûment retenu ces enfants.

Art. 55. Les enfants de huit à seize ans, n'ayant ni père, ni mère, ni ascendants, non pourvus d'une tutelle régulière, et que l'administration jugera abandonnés, sont placés sous la surveillance de l'autorité administrative.

Art. 56. Ces orphelins pourront, suivant les circonstances, être mis en apprentissage, à des conditions qui seront réglées par l'administration, chez des maîtres-ouvriers, sur les habitations des particuliers, ou sur les habitations domaniales.

Les personnes chez lesquelles ces enfants seront placés, pourvoieront à leur nourriture et à leur entretien.

Art. 57. Toute personne ayant chez elle des orphelins de huit à seize ans, n'ayant ni père, ni mère, ni ascendants ou non pourvus d'une tutelle régulière, est tenue de les déclarer au Maire de sa commune, dans le délai d'un mois, à partir de la huitième année desdits orphelins, sous peine d'une amende de 5 à 20 francs.

Art. 58. Ceux qui auraient soigné les orphelins dans leur première enfance pourront être autorisés à les conserver chez eux, à la charge de justifier que ces enfants sont employés à des travaux utiles et susceptibles de leur procurer un état.

Art. 59. L'administration aura toujours la faculté

de reprendre les orphelins confiés à des tiers, quand elle jugera que ces orphelins ne reçoivent pas une direction propre à garantir suffisamment leur moralité et leur avenir.

CHAPITRE IV.

Dispositions spéciales aux Immigrants.

Art. 60. Un bureau de la Direction de l'Intérieur est chargé du service de l'immigration.

Le chef de ce bureau a le titre de commissaire spécial de l'immigration.

Art. 61. Tous les immigrants, de quelque lieu qu'ils proviennent, seront immatriculés sur des registres tenus par les soins du commissaire spécial.

Ces registres, comme ceux de l'inscription maritime, renfermeront tous les renseignements utiles.

Un bulletin d'immatriculation délivré par le commissaire d'immigration tiendra lieu de permis de résidence.

Art. 62. Le commissaire de l'immigration n'accordera le permis de résidence aux immigrants engagés que sur le dépôt de leur contrat d'engagement, dûment enregistré, transféré à un employeur, si ce contrat a été passé hors de la colonie, et si l'immigrant arrive sans contrat, que moyennant l'accomplissement des conditions prescrites par l'article 6 du chapitre 1er du titre 1er du présent arrêté.

Mention sera faite sur le contrat d'engagement déposé au bureau de l'immigration de l'accomplissement de ces conditions. Même mention sera faite sur le bulletin d'immatriculation qui tient lieu de permis de résidence.

Art. 63. Tous contrats de transfert, de réengagement ou de résiliation qui aux termes de l'art. 4 du décret du 13 février 1852, seraient passés devant les Maires ou devant les Greffiers de Justice de Paix, ou qui, en vertu du droit commun, le seraient devant les officiers publics ou de toute autre manière, devront, dans les trente jours de le r date, être déposés, dûment enregistré au burea d'immigration sous peine, pour l'eng iste qui ne se rait pas conformé à cette prescrip io , d'une amen e de 16 à 100 fr.., indépendamment, s'il y a lieu, de la pénalité encourue pour défaut d'enregistrement dans les délais.

Art. 64. Avis doit être donné au commissaire de l'immigration dans le délai de dix jours :

1° Par les Maires, Greffiers des Justices de Paix et Officiers publics, de tout acte de transfert, de réengagement ou de résiliation passé devant eux ;

2° Par le Greffier du Tribunal qui aura statué, de toute résiliation prononcée par autorité de justice et de tout jugement intervenu, soit entre engagistes et immigrants engagés, soit sur la poursuite d'office du ministère public ;

3° Par les Maires, à l'expiration de chaque trimestre, des naissances et des décès survenus parmi les immigrants résidant dans lèur commune.

Art. 65. Le commissaire de l'immigration doit, dans les trente jours du dépôt, donner copie certifiée à l'engagiste et à l'engagé de tout contrat remis entre ses mains.

Ces copies portent en tête le numéro d'immatriculation.

Celle de l'engagiste porte en marge la note des droits proportionnels d'enregistrement dus, ainsi que les époques d'échéance.

Art. 66. Le droit fixe d'enregistrement de 30 f. et le premier semestre du droit proportionnel égal au 20ᵉ des salaires en numéraire, doivent être payés au bureau du lieu de débarquement et avant la délivrance du permis de résidence, pour tout immigrant arrivant dans la colonie *avec le concours des fonds de l'État ou de la colonie.*

Le droit fixe de 30 fr. sur chaque transfert ou renouvellement d'engagement des immigrants déjà introduits, est dû dans les 20 jours de la date, de l'acte sous peine de l'application du double droit.

Le droit proportionnel est payé dans tous les cas par semestre et d'avance ; faute par le débiteur d'avoir satisfait à cette obligation dans le délai de vingt jours qui suivra l'échéance du semestre précédent, il sera passible du double droit et contraint au paiement par les voies ordinaires du service de l'enregistrement.

Art. 67. Tout transfert de fait, qu'il soit définitif ou temporaire, est prohibé, s'il n'est justifié par un acte dûment enregistré et notifié au commissaire spécial de l'immigration, à moins qu'il ne s'agisse de transferts faits temporairement à l'administration.

Quiconque employant à son service des immigrants engagés, ne pourra produire un transfert dans les conditions ci-dessus, sera passible des peines de simple police.

Art. 68. Toute résiliation de contrat d'engagement passé avec un immigrant donnera lieu au paiement intégral et immédiat à la caisse de l'enregistrement de tous les droits proportionnels dus jusqu'à l'expiration du contrat résilié.

L'engagiste est responsable de ce paiement, sauf répétition, s'il y a lieu, contre l'engagé.

Art. 69. Le commissaire de l'immigration aura le droit de correspondre, pour tout ce qui a trait à ses attributions, tant avec les maires et les commissaires de police qu'avec les propriétaires et engagistes; aux termes de l'article 36 du décret du 27 mars 1852, il remplira les fonctions de syndic, et les immigrants ne pourront ester en justice que par lui ou ses délégués, à fin d'exercice de leurs droits envers les engagistes et de recouvrement de leurs salaires ou de leurs parts dans les produits.

Le commissaire de l'immigration devra assurer le versement au trésor de toutes les sommes que les immigrants indiens voudraient envoyer dans l'Inde à leurs familles.

Les sommes versées au trésor de la Martinique seront payées dans l'Inde par les soins de l'administration de Pondichéry.

TITRE III.

De l'exécution des condamnations à l'amende et aux frais.

———

CHAPITRE Ier.

De la conversion des amendes et frais en travail.

Art. 70. Les amendes ainsi que les condamnations aux frais et dépens prononcées par les tribunaux de police, seront converties de droit en travail à la journée ou à la tâche, à défaut de paiement dans la quinzaine des premières poursuites.

Art. 71. Les prestations de travail auront lieu soit dans les ateliers des habitations rurales des particuliers, du domaine ou des communes, soit dans les ateliers des entrepreneurs de routes ou autres.

Tout employeur qui consentira à employer un dettier de l'Enregistrement, souscrira l'engagement de retenir la moitié des salaires de l'employé et de compter, mensuellement d'avance, cette retenue à l'enregistrement jusqu'à parfait paiement.

La retenue mensuelle ne pourra être moindre de cinq francs quand la dette ne dépassera pas cinquante francs, et de dix francs dans tous les autres cas.

Art. 72. Tout dettier, qui refusera de s'acquitter envers l'enregistrement au moyen d'un travail fourni dans les conditions ci-dessus indiquées, sera mis dans un atelier de discipline.

Sera également mis à l'atelier de discipline tout dettier qui manquerait à l'engagement contracté soit envers l'État, soit envers les particuliers, en abandonnant l'atelier ou en refusant d'y travailler régulièrement.

Art. 73. Chaque journée de travail effectif à l'atelier de discipline ou chaque tâche représentative d'une journée de travail, libérera le condamné de la somme *d'un franc*. Le service de l'enregistrement n'aura rien à réclamer pour le montant des journées de travail ou des tâches fournies à l'atelier de discipline.

Art. 74. Les dettiers détenus à l'atelier de discipline ne pourront se libérer qu'en payant la totalité des sommes restant dues.

Toutefois ceux qui se feront remarquer par leur bonne conduite, leur zèle et leur activité au travail, pourront être admis à se libérer en contractant un engagement dans les conditions de l'art. 71 du présent arrêté.

Art. 75. Le commandement prévu par l'art. 33 de la loi du 17 avril 1832 sur la contrainte par corps, contiendra sommation, à défaut de paiement en argent, de justifier, dans la quinzaine, d'un engagement conforme aux dispositions de l'art. 71 précité.

Faute par le condamné de faire cette justification dans ledit délai, au bureau de l'enregistrement, il sera, à la diligence du service de l'enregistrement et sur les réquisitions du Directeur de l'intérieur, arrêté et conduit à l'atelier de discipline pour y rester jusqu'à l'acquittement de sa dette, conformément aux dispositions de l'art. 73.

Toutefois, en cas de jugements *définitifs* prononcés par les tribunaux de simple police, il sera remis, immédiatement, et à l'audience même, à chaque condamné, une sommation d'acquitter dans la quinzaine le montant des condamnations ou de fournir un engagement de travail dans les conditions de l'art. 71 ci-dessus, avec déclaration que, faute par lui de ce faire dans ledit délai, il sera arrêté et conduit à l'atelier de discipline.

Art. 76. Si le débiteur est détenu, la recommandation pourra être ordonnée immédiatement après la notification du commandement, et faute par le débiteur de faire les justifications ci-dessus, il sera conduit à l'atelier de discipline à l'expiration de la peine principale.

Art. 77. A l'expiration du temps de séjour à l'atelier de discipline, le dettier recevra un certificat constatant sa libération. Ce certificat sera délivré par le Directeur de l'intérieur.

Avis de la mise en liberté du condamné sera transmis au service de l'enregistrement pour la décharge du receveur.

CHAPITRE II.

De l'atelier de discipline.

Art. 78. Un atelier de discipline est établi à Fort-de-France pour recevoir :

1° Pendant la durée de leurs peines les individus au-dessus de 16 ans, condamnés pour mendicité ou pour les faits prévus par le décret du 13 février 1852 et conformément à l'article 22 dudit décret ;

2° Les dettiers de l'enregistrement, conformément aux dispositions de l'article 23 du décret du 13 février 1852 et de l'art. 10 du décret du 16 août 1854.

Art. 79. En dehors des heures de travail les femmes seront séparées des hommes.

Les condamnés au-dessous de 16 ans seront placés dans la maison de correction.

Art. 80. Les disciplinaires seront employés sous les ordres du capitaine de port et sous la surveillance des agents de l'établissement, aux travaux de curage du port, des canaux, des rivières et à tous autres dont les dépenses incombent à la colonie. Des détachements de cet atelier pourront aussi être envoyés sur les points où leur présence sera jugée utile. Ces mouvements seront réglés par le Gouverneur.

Art. 81. L'atelier de discipline est placé sous la direction d'un régisseur nommé par le Gouverneur, sur la proposition du Directeur de l'intérieur et la présentation du capitaine de port.

Le régisseur aura sous ses ordres des surveillants.

Art. 82. Les condamnés écroués dans les prisons et mis à la disposition de l'autorité administrative ne seront envoyés à l'atelier de discipline qu'autant qu'ils auront été reconnus propres au travail.

En ce qui concerne les dettiers disciplinaires, à leur arrivée, ils seront présentés à la visite du médecin de l'établissement, et d'après son rapport il sera statué sur leur admission par l'autorité supérieure.

En cas d'inaptitude momentanée, les dettiers pourront être mis provisoirement en liberté et renvoyés dans leurs foyers, à la charge par eux de se constituer volontairement après le rétablissement de leur santé, et faute de se constituer dans le délai qui leur aura été accordé, ils seront arrêtés de nouveau, les frais de cette seconde capture demeurant à leur charge.

Toutefois l'administration conserve la faculté de leur faire application, s'il y a lieu, des dispositions de la loi de 1832 et de celle du 13 décembre 1848 sur la contrainte par corps.

Art. 83. Il sera procédé de la même manière à l'égard des dettiers qui, pendant la durée de leur séjour à l'atelier de discipline, deviendraient impropres au travail par suite de maladie ou d'infirmité.

Art. 84. La nourriture des disciplinaires est la même que celle des prisonniers.

Art. 85. Les punitions à infliger aux disciplinaires, selon la gravité de leurs fautes, sont :

1° La corvée hors tour,

2° La réclusion dans les cellules ordinaires pendant les heures de repos,

3° La cellule de correction,

4° La cellule ténébreuse.

On ne peut infliger :

La corvée pour plus de vingt-quatre heures,

La réclusion, pendant les heures de repos, pour plus de huit jours,

La cellule de correction pour plus de quinze jours,

La cellule ténébreuse pour plus de huit jours, avec réduction au pain et à l'eau de deux jours sur trois.

Ces deux dernières peines ne pourront être infligées que par le capitaine de port ; il lui sera rendu compte de toutes les autres.

Art. 86. Il ne sera pas tenu compte aux dettiers disciplinaires, pour leur libération, du temps passé dans les cellules de correction ou, indûment, hors de l'atelier disciplinaire.

Art. 87. Une décision spéciale du Directeur de l'intérieur approuvée par le Gouverneur, réglera l'exécution des dispositions du présent chapitre.

DISPOSITIONS GÉNÉRALES.

Art. 88. Sont et demeurent abrogés :

1° L'arrêté sur le recensement, du 18 octobre 1854 ;

2° L'arrêté du 19 octobre 1850, sur le passe-port à l'intérieur ;

3° Les arrêtés des 9 octobre 1852, 9 février 1853, 16 et 20 mai 1854, sur le régime des livrets ;

4° Les arrêtés des 15 juin 1852, et 1er mars 1853, concernant les Commissaires spéciaux de l'immigration ;

5° L'arrêté du 28 novembre 1854, sur l'introduction des Immigrants ;

6° L'arrêté du 2 avril 1853, concernant les Orphelins ;

7º L'arrêté du 28 septembre 1854, sur la conversion des amendes en journées de travail ;

8º L'arrêté du 22 août 1848, portant création d'atelier de discipline et l'arrêté du 6 décembre 1852, portant transfèrement de celui des Pitons à la prison centrale de Fort-de-France, et en général toutes dispositions antérieures contraires aux présentes.

Art. 89. L'Ordonnateur, le Directeur de l'intérieur et le Procureur général sont chargés, chacun en ce qui le concerne, de l'exécution du présent arrêté, qui sera inséré au *Bulletin* et au *Journal officiels* et enregistré partout où besoin sera.

Fort-de-France, le 10 septembre 1855.

Comte DE GUEYDON.

Par le Gouverneur :

Le Directeur de l'intérieur, BONTEMPS.

Imprimerie du MARTINIQUAIS, rue du Bord-de-Mer, 91.